Joshua Köhler

Mondlicht und Dämmerung

AF220182

Joshua Köhler

Mondlicht und Dämmerung

Symphonie der Worte

Bibliografische Information der Deutschen Nationalbibliothek:
Die Deutsche Nationalbibliothek verzeichnet diese Publikation
in der Deutschen Nationalbibliografie; detaillierte bibliografische
Daten sind im Internet über www.dnb.de abrufbar.

Herstellung und Verlag: BoD – Books on Demand, Norderstedt

ISBN: 978-3-7568-8443-8

Vorwort

Willkommen in einem Universum aus Worten, eingefangen im Flug der Gedanken und gewoben in die zarten Verschränkungen der Poesie. Dieses Buch, ein Geflecht von Gedichten, öffnet ein Fenster zu den vielfältigen Landschaften der Emotionen, Gedanken und Träume.

Die Lyrik, wie ein Spiegel der Seele, reflektiert das Unsichtbare, übersetzt das Unsagbare und verankert das Flüchtige. Hier, zwischen den Zeilen, treffen sich Vergangenheit und Gegenwart, Realität und Phantasie, um einen Raum zu schaffen, in dem Worte zu einem Tanz der Bedeutungen werden.

Diese Gedichte sind nicht nur meine Worte, sondern auch ein Angebot an Dich, in den Schwingungen der Sprache zu schwelgen und darin Deine eigenen Reflexionen zu finden. Vielleicht entdeckst Du in den Versen eine Erinnerung, die Du längst verloren glaubtest, oder einen Traum, der in den Falten der Zeit verborgen war.

Lass Dich ein auf diese Reise der Worte, die wie Vögel durch die Seiten fliegen, ihre Melodien im Wind der Zeiten tragen. Jedes Gedicht, ein Augenblick eingefangen, ein Gefühl vertieft, eine Welt geöffnet.

Möge dieses Buch nicht nur ein Begleiter in stillen Stunden sein, sondern auch ein Kompass, der Dich durch das Dickicht der Gefühle führt. Hier in der Welt der Gedichte, in der jeder Vers ein kleines Universum birgt, mögen die Worte wie Sterne leuchten und Dich durch die Dunkelheit der Gedanken führen.

Mit offenen Herzen und gespannter Vorfreude lade ich Dich ein, in diese poetische Reise einzutauchen, die mit jedem Gedicht eine neue Tür zu einem facettenreichen Universum öffnet.

Mögen die Worte fliegen und die Gedanken tanzen.

Herzlichst,

Joshua Köhler

Tretet ein in die Welt der Worte

Für Dich,   !

Nun lieg' ich dorten in der Nacht,
Und der Mond zeigt seine Pracht.
Während die Vögel weiter singen,
Werde ich mit dem Schlaf noch ringen.

Ich kann nicht schlafen, Nein!
Ohne Dich kann ich nicht sein.
Ich hab' schon wieder an Dich gedacht,
Ja, deshalb bin ich aufgewacht.

Ich frag Dich jetzt, nicht irgendwann,
Sonst klebt 'nen Andrer an Dir dran.
Doch mit dem Selbstvertrauen hab' ich zu tun.
Aber ich kann es mir nicht leisten, weiter zu ruhn.

Was wenn Du mich ziehst in Deinen Bann
Und ich wieder bekomme keinen Satz zusamm'.
Egal, ich lass' es lieber sein.
Aber ich liebe dich so sehr, Oh nein.

Ich werde es Dir sofort sagen,
Ohne weiter zu verzagen.

ICH LIEBE DICH   !

Die Sorgenverblassende Natur!

Wenn ich erwache früh am Morgen,
Und mich erinnere an die ganzen Sorgen.
Wenn die Strahlen durchs Fenster scheinen,
Beginne ich zu weinen.

Doch wenn der Vogel singt mit seinem Kleid,
Fühle ich mich befreit.
Und die Last beginnt zu schwinden,
Durch der Bäume schöner Rinden.

Auch die schönen Wiesen,
Werde ich genießen.
Die Berge so schön und groß,
So werde ich die Sorgen los.

Wenn das Reh über die Wiese springt,
Und die Grille weiter singt.
Wenn der Specht gegen den Baume klopft,
Und das Herz des Fuchses weiter pocht.

Wenn das Wildschwein wieder wühlt,
Und die Ente sich abkühlt.
Wenn der Hase weiter springt,
Und das Lied der Natur erklingt

Das blaue Wunder

So wunderschön blau ist nur der Himmel,
Mit Wolken so weiß wie ein Schimmel.
Wer dieses blau und weiß nicht ehrt,
Ist des schönen Lebens nicht wert.

Geborgen bin ich unter ihm.
Ich möcht' ihm immer dien'.
So unendlich viel Freude habe ich gespürt,
Das ich ihn nur ansah, hat er meine Erinnerung
durchwühlt.

Das Einzige das ewig währt,
Das ist der Himmel, so verehrt.

Das Leben

Das Leben zwingt ein' jeden in die Knie.
Es ist das Mächtigste der Welt.
Ob man wieder aufsteht, weiß man nie.
Egal ob's Einem nun gefällt.
Ändern kann man's nimmer mehr.
Es ist eine Last so unfassbar schwer.

Bist Du ein Bursche noch so hart,
Und hast den besten Körper Deiner Stadt.
Hast gar einen vollen Bart.
Kommt das Leben, wendet sich das Blatt.
Sitzt nun weinend in der Eck',
Und am Bauche setzt sich an der Speck.

Doch die Zeit die ist viel schlimmer,
Dies ändert sich wohl nimmer.

Das grausame Geschöpf der Zeit

Du bist der Feind des Lebens,
Dich zu stoppen ist vergebens
Du mordest jeden Tag ohne Prozess.
Versetzt uns alle in täglichen Stress.

Alles Leben leidet unter dir,
Du tust allen Leid; auch mir.
Wenn man dich braucht bist du fort.
Wenn man dich nicht will, bist du dort.

Geh fort du elend' Ding.

Verschwinde und komm nimmer mehr.
Sonst verletzt du uns noch alle schwer.

Knisternde Poesie

Im Kamin, wo die Flammen tanzen, zart und fein,
Ein Lied beginnt im flackernden Schein.
Holzscheite knistern, wie ein Orchester bereit,
Spielen Melodien der Wärme, weit und breit.

Das Kaminfeuer, ein Gesang der Glut,
Wärmt die Stille, wie ein zärtlicher Gruß.
Die Flammen, sie tanzen im flammenden Duett,
Ein lebendiges Gedicht, das die Kälte verlässt.

In den Tiefen des Kamins ein Märchen erwacht,
Die Geschichten der Flammen, in Dunkelheit verbracht.
Ein tanzender Schatten spielt sein stilles Spiel,
Während die Wärme in den Raum sich füllt.

Die Holzscheite, sie erzählen von vergangenen Zeiten,
Von Abenteuern und Heldentaten, in feurigen Scheiten.
Das Kaminfeuer, ein Geschichtenerzähler wahr,
In seinem flammenden Zelt, im Kerzenschein klar.

Die Funken, sie steigen, wie Sterne in der Nacht,
Ein Funkenregen, der die Dunkelheit lacht.
Das Kaminfeuer, ein Lied, das nie endet,
In seinen flammenden Versen die Herzen sich wendet.

So singt das Kaminfeuer, im flackernden Glanz,
Ein Lied der Wärme, im Tanz der Flammenkranz.
Ein Geschenk des Feuers, in der winterlichen Ruh',
Das Kaminfeuer, ein Gedicht, das niemals vergeht.

Die Schönheit der Natur

Die Natur ist so wunderschön
Und doch tun so viele sie verhöhn'.
Wenn ich das nur sehe,
Denk ich mir wehe, wehe.

Ich frage oft die Klippen,
Ob Riesen Sie schufen mit Schippen?
Wenn das Wasser auf sie schellt,
Ist dies, wenn Ihr Hund laut bellt?

Die Sonne immer wieder dämmert,
Während der Specht so fröhlich hämmert.
Der Duft der Natur ist wundervoll.
Ich liebe Ihn so sehr, so doll.

Ich weiß nicht, sie zu ehren.
Es reicht nicht, sich nicht zu beschweren.
Sie schenkt uns das wundervolle Leben
Und manchmal tut sie vor Zorn gar beben.

Sie schenkt uns die schöne Luft
Und dennoch wird so mancher Schuft
Sie verachten und missbrauchen.
Ich will doch nur in ihre Welt eintauchen.

Ich will sie immer ehren,
Mich nicht beschweren,
Immer eins mit ihr sein,
Und das nicht nur zum Schein.

Vertraute Gefilde

Das Gefühl ist unbegreiflich,
Beschenken tut sie uns reichlich.

Es ist wie ein Kakao so warm,
Am kalten Wintertage; voller Scharm.
Es ist wie eine Kerze in der Nacht,
So unbeschreiblich, voller Pracht.

Es ist wie ein Saft so kühl,
Am heißen Sommertage; was für ein Gefühl.
Es ist wie eine einzelne Blüte.
Auf dem Feld; was für eine Güte.

Viele tun es, sie zu verachten.
Was die sich dabei dachten?
Ich kann es nicht begreifen.
Warum sie die alte Leier pfeifen.

Alle wollen weg von hier,
Getrieben von Sucht und Gier.
Andere, die es nicht haben,
Wollen sich daran erlaben.

Ich bin glücklich hier zu sein,
In diesem wunderschönen Heim.
Andere sollen das Weite suchen,
Vor allem jene die hier fluchen.
Ich bin glücklich, denn ich hab
Meine schöne HEIMAT.

Frostzauber der Nacht

Der Schnee lag da,
Als ich ihn sah.
An jenem Morgen,
Vergaß ich alle Sorgen.

Die Schönheit des Winters:
So verkannt.

Die Bäume trugen weiße Blätter.
Es war ein wunderschönes Wetter.
Es war ein Moment so unvergesslich,
Und vor allem unerlässlich.

Die Schönheit des Winters:
So verkannt.

Es schien draußen warm,
So voller Scharm,
Und drinnen so kalt.
Die Gefühle machten keinen Halt.

Die Schönheit des Winters:
So verkannt.

Gott lob' mir den Winter.
Er ist so schön.
Egal was alle sagen.

Ich werd' es sagen, wagen ohne zu verzagen:
Gott lob' den Winter mir.

Himmelfall der Kristalle

Die leisen Kristalle werden vom Himmel fallen,
Und lassen schöne Musik erschallen.
Sie klopfen gen des Fensters Schein,
So sanft und fein.

Ein Rhythmus der das Herz erfasst,
So langsam, doch voller Hast.
Auf dem Wege spiegelt sich das Licht,
Und in Pfützen wird der Himmel wieder Sicht.

Ein Hauch von frische, neuer Luft.
Der Regen verleiht der Erde schöner Duft.
In jedem Tropfen eine kleine Welt,
Vom Himmel zur Erde gesellt.

Das Leben hat ein' hohen Wert,
Wenn man den Regen richtig ehrt.
Er tanzt auf Blättern, singt von Dächern,
Wenn die Wolken sich auffächern.

Der schöne Kristall,
Bei seinem Fall.

Menschliche Fassade

In einer Welt aus Lächeln, Masken aus Licht,
Tief in der Dunkelheit, wo des Herzens bricht.
Menschen, Meister des Verborgenen, geschickt,
Ihre Hinterhältigkeit in Lügen verstrickt.

Sie sprechen mit Worten, süß wie der Wein,
Doch in dem Schatten verbergen sich Pein.
Hinter den Augen, die Freundlichkeit zeigen,
Können Abgründe von Bosheit sich verneigen.

Mit einem Händedruck, so warm und fein,
Weben sie Netze aus Betrug und Schein.
Sie lachen und nicken, im Spiel der Intrige,
Ihr Lächeln, ein Köder, ihr Blick die Finte.

Die Worte, sie tanzen wie auf einem Seil,
Doch die Absicht, kalt wie eisernes Heil.
Die Hinterhältigkeit, ein dunkles Gewand,
umgibt die Menschheit, verschleiert und zugewandt.

Doch in dieser Welt aus Täuschung und Kunst,
Kann auch ein Funken von Wahrheit sein Gunst.
Durchschau die Masken, entlarve den Trick,
Denn nicht alle Herzen sind voll Hinterlist und Tick.

In dieser Sinfonie aus Licht und Grau,
Suche die Aufrichtigkeit, sei klug und schlau.
Denn trotz der Schatten, die die Menschheit webt,
Ist es die Liebe, die das Dunkel belebt.

Die unsichtbare Fessel

In der Stille der dunklen Nacht,
Kriecht Angst hervor, ein Schatten erwacht.
Sie webt sich ein in alle Ecken,
Lässt das Herz in der Brust verstecken.

Ein kalter Hauch, ein flüsternd' Lied,
Angst legt sich nieder, wie ein Nebel, der zieht.
Sie lauert leise, unsichtbar, fein,
Umfasst die Seele, wird Teil von jedem sein.

Die Nacht wird zum Schrein der Unsicherheit,
Schatten werden zu Monstern in der Dunkelheit.
Angst, die sich windet, wie eine Schlange im Gras,
verschlingt die Ruhe, wie ein schwarzes Gas.

Doch in der Tiefe, wo die Dunkelheit wohnt,
brennt ein Funken, der die Nacht verschont.
Die Angst mag flüstern, mag zähmen und nagen,
Doch in der Brust kann ein mutiges Herz schlagen.

Gegen die Finsternis, im Zwielicht der Zeit,
erhebt sich der Mut, kämpft gegen das Leid.
Angst mag sich krümmen, im Schatten sich sonnen,
Doch am Ende wird das Licht die Dunkelheit
überkommen.

Im Schatten der Türme

In alten Mauern, die die Zeit erzählt,
Erblüht Ilburg, von Geschichte beseelt.
Ein stolzer Zeuge längst vergangener Tage,
Sie trägt die Erzählungen auf ihren Zinnen wie eine Sage.

Ihre Türme ragen in den Himmel weit,
Umwoben von Mythen und alter Herrlichkeit.
Die Zinnen krönen die Burg wie Kronen aus Stein,
Ein Erbe vergangener Könige, so majestätisch und rein.

Ilburgs Schönheit in jedem Stein verweilt,
Von einem fernen Zeitalter erzählt.
Der Wind flüstert Geschichten, sanft wie ein Lied,
Während die Burg in ihrem Glanz die Seele zieht.

Im Burghof tanzt das Licht im Schatten der Zeit,
Und die Echos der Vergangenheit werden lebendig, breit.
Die Steinmauern erzählen von Rittern und Pracht,
Von Turnieren und Nächten, die nie enden in der Nacht.

Ilburg, du Schönheit, im Sonnenuntergang gehüllt,
Dein Antlitz von der Dämmerung sanft umschnürt.
Eine Burg, ein Gedicht aus längst vergangenen Tagen,
In deiner Schönheit möge die Zeit stets entsagen.

Eine traurige Geschichte

Das Wissen ist die Macht,
Die mich voran gebracht.
Das Wissen der Welt,
Ist wie das Geld,
Dass wir alle schützen.
Doch niemand wird das Wissen stützen.

Viele sagen dies sei traurig,
Doch ich find es eher schaurig,
Das es niemanden interessiert,
Ich bin zwar auch nicht grad versiert.
Aber dennoch war Interesse immer da,
Egal was auch geschah.

Doch ich werd' das Wissen nutzen,
Meine Brille putzen,
Und immer weiter lesen.
Endlich werden meine Gedanken genesen.

Ich kann's euch auch empfehlen.
Fangt nicht an, es zu verfehlen.

Der Morgenwald

Im Dämmerschein der frühen Morgenstunde,
Erwacht der Wald in goldenem Sekundenbunde.
Die Bäume, noch von Träumen umhüllt,
Verströmen Ruhe, voller Licht erfüllt.

Ein Schleier aus Nebel umarmt das Grün,
Die Natur erwacht in einem leisen Kühn.
Vogelsang webt den ersten Takt,
Der Morgenwald erwacht, sein Herz schlägt nackt.

Ein Teppich aus Moos in feuchtem Glanz,
Spiegelt den Tau, bewegt im ersten Tanz.
Die Luft erfüllt von einem sanften Duft,
Während der Morgenwald seine Stille ruft.

Die Sonne streckt behutsam ihre Hand,
Malt mit goldenem Pinsel über das Land.
Ein Farbspektakel, zart und gescheit,
Wenn der Morgenwald in Licht gebadet schreit.

Die Blätter, noch im Schlafgewand,
Rascheln leise im erwachenden Land.
Ein Reh tritt vorsichtig aus seinem Traum,
Der Morgenwald singt sein Lied im Raum.

Der Tag beginnt im sanften Chor,
Der Morgenwald öffnet sein grünes Tor.
In dieser Stille, so tief und weit,
Findet die Seele im Wald ihre Zeit.

Flüstern der Blätter

Im Hain, wo die Sonne sanft durch Äste bricht,
Lauschen die Blätter, im zarten Morgenlicht.
Ein Flüstern, leise, im Wind verborgen,
Geschichten, die sie sich erzählen, ohne Sorgen.

Die Eiche, stolz und fest in ihrem Stand,
Erzählt von vergangenen Jahren, vom Leben, vom Band.
Die Birke, leicht und voller Jugendkraft,
Webt Geschichten aus Träumen, leise erwacht.

Im Flüstern der Blätter, ein uraltes Lied,
Von Sommerbrisen und dem Tanz im Ried.
Sie plaudern von Frühlingserwachen voll und ganz,
Von Winterstille im weißen Glanz.

Die Blätter, sie flüstern im Kreistanz,
Vertrauen dem Wind ihre Gedanken ganz.
Sie erzählen von Liebe, von Abschied und Wiederkehr,
Vom Wachsen, Vergehen, wie das Leben so schwer.

Im Flüstern der Blätter, ein Geheimnis so klar,
Ein Lied, das die Zeit trägt, Jahr für Jahr.
Ein Hain voller Geschichten, im Blätterrauschen,
Das Flüstern der Blätter, ein Echo, ein Lauschen.

Die See

Die See, sie ist so rau,
Oft schwindet ihr schönes Blau.
Unter den Wolken vom Gewitter,
Das sieht oft auch ein Dritter.

Unterschätzt man sie,
Sind es jene, die,
Die sie strafen wird.
Sie sind dann für immer und ewig verirrt.

Sie ist grausig, doch gerecht,
Das ist wohl gar nicht schlecht.
Und jene, die sie werden gestraft,
Sind nun und endlich entlarvt:

Und jene, die waren brav,
Die überqueren sie im Schlaf.
Dies, das ist perfekt,
denn jene, die sind von ihr gedeckt.

Die Freude des Menschen

Oh, freu ich mich auf's Dänenland,
Das bringt mich völlig außer Rand und Band.
Ich freu' mich auf die schönen Dünen,
Wo einst saßen die beruhigten Hünen.

Oh, freu ich mich auf's Dänenland,
Auf den schönen weißen Sand.
Oh, freu ich mich auf die Meereswelle,
Die dort trifft auf die Landesschwelle.

Oh, freu ich mich auf's Dänenland,
Wenn ich nur starre auf die Wand.
Und schon wieder denk' ich an das Meer,
Nur mich vom Traum zu lösen, fällt mir schwer.

Oh, freu ich mich auf's Dänenland,
Auf den flachen Ostseestrand.
Wenn ich dort nur stünde,
Und spürte die kühlen Winde.

Oh, freu ich mich auf's Dänenland,
Ich bin schon wieder angespannt.
Ich werd' mich auf den Weg jetzt machen,
Das wird ein riesig Feuer in mir entfachen.

Oh, freu ich mich auf's Dänenland,
Es löst in mir aus ein' riesen Brand.
Auf dem Weg bin ich jetzt schnell,
Deshalb leuchten meine Augen hell.

Oh, freu ich mich auf's Dänenland,
Die Grenze hab' ich schon erkannt.
Ich seh' sie schon, die Hügelwellen,
Auf welche die Gewässer schnellen.

Oh, freu ich mich auf's Dänenland,
Jetzt komm' ich ganz schnell angerannt.
Nun bin ich da, im Dänenland,
Jetzt fehlt der weite Nordseestrand.

Das Ehrenlied

In des Herzens Kammer, tief und rein,
Wo die Seele wohnt, in einem heil'gen Schein.
Da lebt die Ehre, ein zartes Licht,
Ein Leitstern, der im Dunkeln spricht.

Ein Schwur, der nicht in Worte fällt,
Die Ehre, die in der Stille schwellt.
Sie trägt die Last des rechten Pfads,
In einer Welt, die oft dem Nebel naht.

Ein ehrliches Wort, ein fester Handschlag,
Die Ehre, sie wandelt nie im falschen Takt.
In ihren Augen spiegelt sich der Mut,
Die Wahrheit zu sagen, in stürmischer Glut.

Sie steht aufrecht in des Sturmes Wehr,
Trägt das Banner, mit stolzem Lächeln im Heer.
Die Ehre, ein Feuer, das nie erlischt,
Selbst wenn die Nacht in Dunkelheit verwischt.

In des Lebens Arena, ein zäher Kampf,
Die Ehre, sie ist der feste Damm.
Sie hütet das Herz vor trügerischem Glanz,
In einer Welt, die oft im Wanken tanzt.

Das Lied der Ehre, es singt leis' und klar,
Im Hintergrund, fern und nah.
Ein Echo, das durch die Jahrhunderte hallt,
Die Ehre, die niemals verfällt, niemals verhallt.

Der glorreiche Fluss

Durch grüne Täler, sanft kann man ihr lauschen,
Sie gleitet, die Mulde, ein Fluss im leisen Rauschen.
Ihr Wasser, wie ein silbernes Lied,
Im Takt der Natur, im Tanz, so wie man sie sieht.

Vom Erzgebirge trägt sie ihr Gesicht,
Zieht durch die Landschaft, ein wanderndes Licht.
Die Mulde, eine Ader, die das Land umschlingt,
In ihrem Lauf Geschichten und Geheimnisse singt.

In ihren Fluten spiegeln sich Wolken so weiß,
Tanzen mit der Sonne im himmlischen Kreis.
Ein Teppich aus Blumen am Ufer so fein,
Der Duft der Mulde, süß und rein.

Die Auen, sie lauschen dem Flüstern des Flusses,
Die Mulde, sie kennt die Sprache des Genusses.
Ihr Wasser plätschert, ein ewiger Reim,
Der die Zeit in der Ewigkeit treibt.

Durch Städte und Dörfer, wie still sie gleitet,
Die Mulde, ein Band, das Herzen begleitet.
In Bögen und Windungen, ein steter Lauf,
Wie ein Lied, das singt von Liebe und Lebenslauf.

So fließt die Mulde, in ihrem Bette so klar,
Ein Fluss, der trägt, ein Fluss, der war.
Im Mondschein singt sie ein Wiegenlied,
Die Mulde, die in ewigem Fluss sich wiegt.

Weihnachtliche Symphonie der Familie

In der Stille der Nacht, im Kerzenschein,
Versammelt sich Familie, nah beieinander, allein.
Ein Fest der Liebe, der Wärme, des Glücks,
Weihnachten, das Herz öffnet, in des süßen Blicks.

Der Tisch geschmückt, wie ein Festgewand,
Kinderlachen, wie ein Zauberklang im Land.
Die Sterne draußen, die im Himmel funkeln,
Wie die Augen der Kinder, die vor Freude funkeln.

Der Duft von Plätzchen, von Tannengrün,
Wie ein Zauber, der sich durch die Räume zieht.
Geschichten werden erzählt in weihnachtlichem Licht,
Von vergangenen Zeiten, von Gesicht zu Gesicht.

Die Geschenke, wie ein Lächeln verpackt,
In buntem Papier, das Glück eingefangen und entfacht.
Die Liebe, wie ein Stern, hell am Firmament,
Weihnachten, das Herzen verbindet und entbrennt.

Ein Singen und Klingen, ein harmonischer Chor,
Die Familie, das Orchester, im festlichen Ohr.
In dieser heiligen Nacht, so still und klar,
Ist Weihnachten das Lied, das Liebe offenbart.

So schreibt die Familie ihre eigene Melodie,
Im Buch der Erinnerungen, im Glanz der Harmonie.
Weihnachten, das Fest der Herzen, der Zärtlichkeit,
Ein Glanzpunkt im Jahr, der die Zeit in Liebe einreiht.

Die Flut der Wut

Ein Fluss aus Feuer, wild und heiß,
Die Wut erhebt sich, ein tobender Kreis.
In jeder Ader ein zorniges Gefühl,
Wie ein Vulkan, brodelnd, wild und kühl.

Die Augen funkelnd in dunkler Glut,
Die Wut, ein Sturm, der alles flut'.
Gedanken wie Blitze, scharf und klar,
Zerschneiden die Luft, schaffen Raum für Gefahr.

Die Faust geballt, ein Ausdruck der Macht,
Doch in der Wut liegt auch eine stille Nacht.
Ein Schrei, der die Stille richtet,
Die Wut, ein Echo, das die Seele vernichtet.

Doch in der Flut, im Strudel der Emotion,
Liegt auch die Chance zur inneren Lotion.
Die Wut, ein Kompass, der uns leitet,
Wenn sie verstanden, nicht nur geleitet.

Ein Donnergrollen, ein Gewitter der Gefühle,
Die Wut, ein Teil von uns, wild und kühle.
Im Fluss der Wut, ein Weg zum Verstehen,
Um in der Finsternis ein Licht zu sehen.

Die Magie des Alltäglichen

Im Schatten der Gewohnheit, unsichtbar und klar,
Liegt die Magie des Alltags, so wunderbar.
In der Banalität der Tage, im Routinegesang,
Entfaltet sich ein Zauber, leise und bang.

Die Sonne küsst den Morgen, gewohnt und sanft,
Die Vögel singen ihr Lied in einem ständigen Tanz.
Im Tropfen des Regens, im Lächeln der Blume,
Liegt die Magie des Alltags in stiller Ruhe.

Ein Blick, der sich findet, in vertrautem Gesicht,
Die Wärme des Kaffees, die vertraute Schicht.
Die Magie verborgen in einem kleinen Lachen,
Die Alltäglichkeit, ein Schatz in den Tiefen verpacken.

Im Rhythmus der Atmung, im Schlagen des Herzens,
Liegt die Magie, die uns verbindet in allen Schmerzens.
Die Schönheit des Gewöhnlichen, im Detail so klein,
Entfaltet die Magie des Alltags, in einem stillen Schein.

In der Stille des Alltags, im Schatten der Routine,
Verbirgt sich ein Zauber, der uns immer verblühe.
Die Magie des Alltäglichen, ein leiser Gesang,
Der unser Leben durchwebt, ein Leben lang.

Der Atem der Berge

In schwindelerregenden Höhen, majestätisch und rein,
Atmen die Berge, in einem Atemzug so fein.
Ihre Gipfel, wie Wächter in der Himmelshöh',
Der Atem der Berge ein Flüstern im Schnee.

Die Sonne küsst die Felsen mit goldenem Licht,
Der Atem der Berge, ein Lied im Gleichgewicht.
Wolken ziehen vorbei, wie leichte Gedanken,
Der Atem der Berge in den Himmel gespannt.

In tiefen Tälern singt der Fluss sein Lied,
Der Atem der Berge, wie ein Hauch im Gemüt.
Die Bäume neigen sich, im Windesgesang,
Der Atem der Berge in der Natur entlang.

Schneefelder glitzern wie Diamanten im Morgenlicht,
Der Atem der Berge, ein Hauch im Gesicht.
Eiskalte Winde tragen den Atem weit,
Der Atem der Berge in klarer Einsamkeit.

In den Höhlen verborgen, in steinernen Hallen,
Der Atem der Berge in die Mauern gefallen.
Ein Echo der Zeit, das die Gipfel umspannt,
Der Atem der Berge in der Ewigkeit erkannt.

Im Flüstern des Windes

Im Flüstern des Windes, sanft und klar,
Trägt er Geschichten von hier bis da.
Ein Botenruf, der durch Wälder zieht,
Die Sprache des Windes, ein uraltes Lied.

Durch die Blätter ein zartes Wehen,
Wie Seiten eines Buches, die im Winde vergehn'.
Er erzählt von Ferne, von unbekannten Orten,
Die Melodie des Windes, ein Versprechen in Worten.

Über Hügel und Felder, in weitem Bogen,
Der Wind trägt Geheimnisse, die nie verlogen.
Seine Finger streifen über jedes Gras,
Die Zärtlichkeit des Windes, im unendlichen Maß.

In Städten, wo Häuser den Himmel berühren,
Führt der Wind Geschichten die Herzen verführen.
Ein Hauch von Vergangenem, ein Kuss der Zeit,
Die Weisheit des Windes in der Unendlichkeit.

Mit salziger Brise tanzt er übers Meer,
Nimmt die Tränen der Wellen, legt sie nieder, so schwer.
Die Sehnsucht des Ozeans in seinem Gesang,
Die Ewigkeit des Windes, die nie vergang.

Im Flüstern des Windes, so leise und weise,
Liegt das Geheimnis des Lebens ohne jede Reise.
Er trägt die Geschichten, die nie verblassen,
Im Flüstern des Windes, ein Versprechen ohne Erlassen.

Im Rauschen der Bäche

Im Rauschen der Bäche, ein Lied so klar,
Das Wasser singt, von fern und nah.
Über die Steine, in wildem Tanz,
Ein flüssiges Gedicht im Sonnenkranz.

Die Bäche, sie erzählen Geschichten im Fluss,
Von Bergeshöhen, im Gesteinsgenuss.
Ihre Sprache, ein Murmeln, ein sanftes Klagen,
Im Rauschen der Bäche ein ständiges Fragen.

Durch Täler und Wälder, ein munteres Fließen,
Die Bäche, sie wissen, wohin sie sich ergießen.
Ihre Reise, ein Abenteuer im grünen Land,
Im Rauschen der Bäche Hand in Hand.

Die Wiesen begrünen, wenn sie sich verein',
Die Bäche, so klar wie ein Edelstein.
Ihr Lied, ein Versprechen das Leben spendet,
Im Rauschen der Bäche das Herz sich wendet.

Wenn die Sonne sich neigt, ein goldener Schein,
Die Bäche flüstern in den Abend hinein.
Ihre Melodie, ein Wiegenlied leise,
Im Rauschen der Bäche eine endlose Reise.

In der Stille der Nacht, ein sanftes Summen so fein,
Die Bäche träumen von Sternen, so rein.
Ihr Gesang, ein Schlaflied für das Land,
Im Rauschen der Bäche ein poetischer Verstand.

Im Tanz der Schatten

Im Tanz der Schatten, leise und klar,
Entfaltet sich eine stille Zauberschar.
Das Licht verwebt Geschichten auf den Wänden,
Und Schatten tanzen in unsichtbaren Händen.

Sie spielen ein Stück im Dämmerlicht,
Verleihen der Welt ein geheimnisvolles Gesicht.
Ein Ballett der Silhouetten, so fein,
Im Tanz der Schatten, ein Bildergeschmeid.

Ein Bäumchen, das sich im Winde neigt,
Sein Schatten auf die Erde zeigt.
Die Blätter tanzen in sanftem Reigen,
Im Tanz der Schatten ein leises Schweigen.

Die Sonne malt Muster, kunstvoll und klar,
Im Spiel der Schatten, mal hier, mal da.
Die Zeit verfließt, im Schatten getaucht,
Eine flüchtige Kunst die die Realität durchhaucht.

Im Tanz der Schatten, ein stummer Dialog,
Zwischen Licht und Dunkel ein zarter Zwischenbog'.
Sie spielen auf Wegen, auf Mauern, auf Straßen,
Im Tanz der Schatten ein flüchtiges Erfassen.

So weben sie Geschichten auf den Boden,
Im Tanz der Schatten so fein und erhoben.
In ihrer Stille liegt eine poetische Macht,
Die uns verführt, im Spiel der Schatten, jede Nacht.

Die Gewalt des Windes

In wildem Toben der Wind erwacht,
Seine Macht, eine ungezähmte Pracht.
Er fegt durch Täler, über Bergeshöh´n,
Seine Gewalt, eine Naturgewalt, so schön.

Die Bäume neigen sich im Sturmgesang,
Ihr Tanz, ein wilder, in des Windes Drang.
Blätter wirbeln, tanzen in der Luft,
Die Gewalt des Windes über der Gruft.

Er peitscht die Meere, er weckt die Gischt,
Seine Wut, eine mächtige Lebensgeschicht.
Die Wellen tanzen im Rhythmus seiner Macht,
Die Gewalt des Windes in der dunklen Nacht.

In Städten heult er durch die Gassen,
Seine Stimme, ein wildes Übertönen der Massen.
Die Fenster klirren, die Fahnen knattern,
Die Gewalt des Windes im wilden Flattern.

Doch in seiner Raserei liegt auch ein Lied,
Ein Lied, das in Freiheit und Abenteuer liegt.
Die Gewalt des Windes, ein ungestümes Ried,
Ein Naturgedicht das durch die Zeiten zieht.

So erzählt der Wind von seiner eigenen Zeit,
Einer Zeit, in der er ohne Fesseln weilt.
Seine Gewalt, ein Ausdruck der Naturgewalt,
Die uns erinnert an die Welt, die stets im Wandel hallt.

Der leuchtende Rote

In einer sternenklaren Winternacht,
Strahlt ein Tannenbaum, rot und sacht.
Lichter funkeln wie ein rubinroter Stern,
Die Magie der Weihnacht, die hab ich gern.

Seine Äste, ein Gewand aus rotem Glanz,
Verwebt mit Träumen im festlichen Kranz.
Die Kerzen, wie rubinrote Juwelen,
Belehren den Baum keinen feierlich zu quälen.

Im Schein der Lichter tanzen Schatten,
Geheimnisvolle Geschichten, wie wir ihn betrachten.
Ein Hauch von Zimt und von Tannenduft,
Der leuchtende Baum im festlichen Duft.

Glocken klingen in der stillen Nacht,
Der rote Baum im Glanz erwacht.
Ein Geschenk der Liebe, der Hingabe,
Im roten Licht eine frohe Gabe.

In diesem Tannenbaum, so rot und klar,
Spiegelt sich das Wunder, dass uns nah.
Ein Symbol der Hoffnung, der Liebe, des Glücks,
Der leuchtende Rote, ein Weihnachtslicks.

Das Freudenlied

Die Freude ist schön,
Sie wird mich verwöhn'.
Die Freude ist groß,
Wie soll ich danken bloß.

Ich bin zufrieden, fein,
Wenn ich erblicke den Sonnenschein,
Die Welt wird soviel bunter,
Die schlechte Stimmung reiß' ich runter.

In jedem Lächeln, so wunderbar,
Tanzt die Freude, klar wie die Sternenschar.
Ein Glücksgefühl, leicht wie der Wind,
Das Herz, ein Garten, in dem Blumen sind.

Die Freude, wie ein Sonnenstrahl,
Ein warmes Gefühl, wie im Märchen einmal.
Sie kommt in einem Kinderlachen an,
Ein Geschenk, dass jeder verstehen kann.

Ein Lied, das die Seele begleitet,
In der Freude, wo das Glück sich entfaltet.
Einfach, klar und wunderbar,
Die Freude, ein lebendiger Altar.

Sonnenregen

In einem Himmel aus Blau tanzt die Sonne ihr Licht,
Ein strahlend Gemälde das alles durchdringt und bricht.
Doch in der Ferne ziehen Wolken, ein leises Versprechen,
Der Regen wird fallen, ein Tropfenkuss, so zärtlich, echt.

Oh, das Spiel von Sonne und Regen,
Einige Melodien, die die Seele bewegen.
Die Sonne singt von Hoffnung und Glanz,
Der Regen flüstert von Liebe im Tanz.

Sonne und Regen, im Himmel vereint,
Malen ein Lied das die Herzen verneigt.
Ein Tanz der Elemente, ein göttliches Band,
Sonne und Regen, Hand in Hand.

Der Regen küsst die Erde, ein sanftes Liebeslied,
Trägt Geschichten von fern, wohin der Himmel sie zieht.
Die Sonne, ein Dichter auf goldenen Seiten,
Schreibt Verse von Wärme, die das Herz leiten.

Oh, das Spiel von Sonne und Regen,
Ein Duett, das die Welt wird bewegen.
Die Sonne träumt in Farben von Gold,
Der Regen webt Geschichten, im Himmel so hold.

Sonne und Regen, ein himmlisches Paar,
Licht und Tränen im märchenhaften Jahr.
Ein Dialog des Himmels, ein Poesieband,
Sonne und Regen, für immer verwandt.

Wenn die Wolken weinen, wenn die Sonne lacht,
Ein Gleichgewicht finden in der dunkelsten Nacht.
Der Regenbog' versprach, dass die Liebe nie schwindet,
In diesem Lied, dass Sonne und Regen verbindet.

Sonne und Regen, ein Tanz im Wind,
Die Geschichte des Lebens, die nie beginnt.
Im Zusammenspiel von Licht und Tränen,
Finden wir die Liebe, die uns ewig währt.

Der sanfte Tanz des Schnees

Ein Hauch vom Himmel, leise und voller Pracht,
Tanzt der Schnee in der sternenklaren Nacht.
Kristalle, so zart, im Wind beschenkt,
Ein Wintermärchen das die Welt umfängt.

Die Erde lauscht, im Schlummer verharrt,
Als leise Flocke, wie Träume vom Himmel starrt.
Ein weiße Decke legt sich sanft hernieder,
Die Natur, in Ruhe, im Schneegebilde wieder.

Die Bäume gehüllt in einen Schleier aus Weiß,
Ein stiller Zeuge vom nächtlichen Kreis.
Ein Flüstern der Schneeflocken wie ein Schnitt,
Das die Stille der Welt sanft beglitt.

Der Boden wird zur Leinwand, rein und klar,
Wo jedes Flöckchen ein Künstlerpaar.
Ein filigranes Meisterwerk, das sich webt,
Wenn der Schnee im Morgengrauen sich erhebt.

Die Welt erwacht im Glanz von Schnee,
Ein Wintermärchen, so friedlich und es tut nicht weh.
Fußspuren zeugen vom Tanz in der Nacht,
Ein Gedicht aus Schnee das die Zeit bewacht.

Der Himmel lächelt in winterlichem Kleid,
Während Schnee ein Flüstern in der Landschaft verweilt.
Ein Versprechen, dass die Kälte vergeht,
Doch die Magie des Schnees im Herzen besteht.

Die nächtliche Tütenreise

Durch die nächtlichen Straßen ein flüsternder Wind,
Trägt eine Tüte, ihr zartes Rauschen geschwind.
Ihre Form, ein Schatten im Mondscheinlicht,
Eine Tänzerin der Dunkelheit, so schlicht.

Vorbei an Laternen, die ein schwaches Licht verleih'n,
Ihre Reise führt durch Gassen in die Stille hinein.
Die Stadt schläft im Traume verloren,
Die Tüte tanzt vom Wind erkoren.

Durch schattige Plätze, wo Geheimnisse ruh'n,
Folgt die Tüte dem nächtlichen Zephyr im Gemurmel der
Ruh'.
Sie huscht vorbei an schlafenden Häuserfronten,
Ihr Rascheln, ein Hauch den die Nächte horten.

Ein zarter Tanz auf den Pflastersteinen,
Die Tüte und Wind in der Nacht vereinen.
Leise Melodie die von Dachrinnen singt,
Wenn die Tüte durch die Dunkelheit klingt.

In einem stillen Hof findet sie Rast,
Wo der Wind sich legt und die Nacht ruhig verblasst.
Die Tüte ruht von Sternen beschienen,
Ein nächtliches Gedicht, in der Dunkelheit verliehen.

Das Wunderlandlied

Im Wunderland wo Träume blüh'n,
Alice tanzt, die Zeit verzieh'n.
Zwischen Grinsekatze, Hutmacher's Traum,
Entfaltet sich ein märchenhafter Raum.

Das Kaninchen eilt, die Uhr in der Hand,
Alice folgt durch ein zauberhaftes Land.
Die Blumen sprechen, die Katze grinst,
In diesem Wunderreich, wo die Zeit verrinnt.

Die Raupe mit ihrer Ruhe so weise,
führt Alice durch die wirren Kreise.
Alice, die so viel erlebt,
Während ihr Herz schnell bebt.

Die Königin der Herzen, so herrisch und groß,
Spielt Krocket, ein königliches Chaos.
Flamingos als Schläger, Karten als Soldaten,
In diesem Reich der fantastischen Taten.

Alice im Wunderland, ein Traumgesicht,
Zwischen Realität und Märchenlicht.
Im Spiegel der Träume, so bunt und klar,
Tanzt Alice, die ewige Abenteurerin, sogar durchs Jahr.

Durch's Fenster

Durch das Fenster schau ich raus,
Seh' den Morgen, frisch und kraus.
Die Sonne lacht am Himmel dort,
Ein neuer Tag, ein neuer Ort.

Die Straßen liegen in aller Ruhe,
Tau auf Blumen, leis' wie auf dem Schnee die Schuhe.
Durch das Fenster, eine stille Sicht,
Auf eine Welt im Morgenlicht.

Durch das Fenster, Nachbars Haus,
Leben pulsiert, wird schnell zum Braus.
Kinder rennen, Hund bellt laut,
Ein Fensterblick der Welt vertraut.

Abend kommt der Himmel bunt,
Durch das Fenster Sterne rund.
Ein stummer Zeuge, Tag vergeht,
Durch das Fenster Welt sich dreht.

Durch das Fenster, Raum und Zeit,
Ein einfacher Blick, so weit.
Vom Sonnenaufgang bis zum Abendduft,
Durch das Fenster eine Welt in Luft.

In der nächtlichen Gasse

In der Stille der Gasse bei nächtlichem Schein,
Schlummern die Häuser im Mondschein so fein.
Kein Trubel, kein Hasten, die Welt wird still,
Die Straße atmet ein ruhiges Gefild'.

Laternen werfen sanft ihr gedämpftes Licht,
Malerisch verwebt im nächtlichen Gesicht.
Die Fenster spiegeln das Sternenzelt klar,
In der stummen Gasse, kein Lärm, kein Trara.

Ein Streiflicht zeichnet den gepflasterten Weg,
In der Nacht, ein Lied, dass der Wind bewegt.
Schatten tanzen im Spiel des Mondenschein,
In der stummen Gasse, in der Nacht so fein.

Die Fensterläden, sanft geschlossen,
In der Gasse ruht alles, wie ausgeloschen.
Kein Echo von Schritten, kein nächtlicher Lauf,
Die Straße schläft im Sternenstaub.

In der Stille der Gasse ein friedliches Bild,
Wo die Nacht ihre Geheimnisse still enthüllt.
Ein einfacher Blick durch das Fensterlein,
In der stummen Gasse bei nächtlichem Schein.

Die Waage der Gerechtigkeit

In einem Saal aus Stein und Stille,
Wo Gerechtigkeit wohnt in ihrer Hülle.
Die Waage schwebt im goldenen Licht,
Die Augen der Gerechtigkeit, klar und schlicht.

Auf der einen Schale das Recht, so schwer,
Auf der anderen die Wahrheit, klar und hehr.
Die Feder der Waage in der Mitte ruht,
Ein zartes Gleichgewicht das Leben durchflut.

Vor der Gerechtigkeit die Blindheit trägt,
Damit jedes Urteil Gleichheit sägt.
Die Fesseln der Vorurteile entwunden,
Ein Raum, wo Recht und Wahrheit verbunden.

Sie hört die Geschichten, leise und bedacht,
Jeder Fall sorgsam in ihre Hand gebracht.
Die Waage wankt im Tanz des Arguments,
Die Gerechtigkeit in ihrer Weisheit pennt.

Doch Gerechtigkeit ist kein starrer Stein,
Sie kann weinen, kann lächeln, kann auch allein.
Die Stimme der Wahrheit, ein leises Flüstern,
Das Herz der Gerechtigkeit im Düstern.

In ihrem Tempel, wo die Gesetze leben,
Die Gerechtigkeit als Hüter sich erheben.
Eine Flamme, die in der Dunkelheit brennt,
Die Waage der Gerechtigkeit der Zeit entsprengt.

Frostiger Hauch

Ein Hauch von Frost auf Wiesen ausgebreitet,
Ein silbernes Kleid von der Nacht geweitet.
Die Welt in Stille, im Kältegriff,
Ein Zauber, der die Wiese umschliff.

Die Gräser biegen sich unter der Pracht,
Der Frost, ein Künstler in der klaren Nacht.
Ein Glitzern, leise wie ein Geigenklang,
Die Wiese erstarrt im zarten Frostgesang.

Kristalle auf den Halmen, funkelnd und klar,
Wie Diamanten im kühlen Altar.
Ein Atemzug, gefroren in der Zeit,
Der Frost legt seinen zauberhaften Teppich breit.

Die Erde schläft, von Kälte umhüllt,
Der Frost, ein Meister, der das Land erfüllt.
Die Wiese ruht im eisigen Kleid,
Ein Wintermärchen in der Dunkelheit.

Die Sterne am Himmel leuchten still,
Begleiter einer frostigen Nacht, so schrill.
Die Welt erstarrt im Mondscheinlicht,
Ein kleiner Frosthauch, ein Wintergedicht.

Der Rabe im Sonnenschein

Ein Rabe, schwarzes Federkleid,
Durchbricht den Himmel in voller Breit.
Die Sonne küsst sein Federkleid,
Ein Glanz, der sich dem Licht verleiht.

Die Schwingen, ein Tanz im Sonnengold,
Der Rabe fliegt, so stolz, so hold.
Sein Ruf, ein Lied den Himmel durchzieht,
Wenn er im Sonnenschein seine Kreise fliegt.

Über Berge, über weites Land,
Der Rabe gleitet durch das Sonnenband.
Sein Flug, ein Ballett im Äthermeer,
Ein schwarzer Schatten, so majestätisch, so schwer.

Im Sonnenschein ein Rabe fliegt,
Durch Wolken die der Himmel wiegt.
Ein Anblick, der die Seele befreit,
Wenn der Rabe im Sonnenschein verweilt.

Lichtspiel

Durch das Rollo tanzt das Licht,
Ein zarter Strahl, der sich bricht.
Die Sonne spielt ihr leises Lied,
Durch das Gewebe, das den Raum durchzieht.

Ein Morgenlicht, sanft und warm,
Ein Strahlenarm, ein milder Schwarm.
Durch das Rollo huscht der gold'ne Schein,
In jedem Zimmer, ein kleines Fest, so fein.

Die Schatten tanzen an der Wand,
Wie Gedichte, von unsichtbarer Hand.
Das Rollo, ein Rahmen für das Licht,
Ein stiller Zeuge, wie der Tag erwicht.

Ein Sonnenstrahl, der sich verirrt,
Durch Ritzen und Spalten, wo er gebrochen wird.
Das Rollo, ein Künstler, der es lenkt,
Ein Spiel, das die Stille im Raum verschenkt.

Ein Teppich aus Licht, auf dem Boden verteilt,
Durch das Rollo, das die Sonne eilt.
Ein Morgenzauber, in zarten Geweben,
Sonnenstrahlen, die durch das Rollo schweben.

Nett sind Alle

In freundlichen Blicken ein sanftes Licht,
Nettigkeit strahlt wie Sonnenlicht.
Ein Lächeln das die Herzen berührt,
Die Nettigkeit die das Leben verspürt.

In kleinen Gesten, so zart und fein,
Ein offenes Ohr, ein Händedruck, rein.
Die Nettigkeit wie eine warme Decke,
Die Herzen umarmt, ohne Verstecke.

Ein Wort das Trost in Dunkelheit bringt,
Die Nettigkeit die wie ein Engel singt.
Im Teilen und Geben, in Aufmerksamkeit,
Wird die Welt von Nettigkeit umsponnen, so klein.

Die Nettigkeit, ein zartes Band,
Verbindet Menschen über jedes Land.
Ein Licht, dass die Dunkelheit vertreibt,
Die Nettigkeit, die unser Leben begleitet und reift.

Frühlingsbaum

Ein Baum steht stolz im Sonnenschein,
Seine Blätter tanzen im goldenen Schein.
Die Sonne küsst sein Ästegewand,
Ein Lied, dass die Natur erklingen lässt, bekannt.

Sein Stamm, ein Wächter der vergang'nen Zeit,
Trägt die Geschichten im Rindenkleid, so breit.
Im Schatten des Baumes, ein stiller Platz,
Wo die Zeit verweilt, im grünen Satz.

Die Blätter rauschen im Frühjahrswind,
Ein Lied, dass der Baum dem Himmel singt.
Im Sonnenschein ein stilles Gedicht,
Von einem Baum der im Licht entwich.

Die Äste werfen Schatten auf den Boden,
Ein Muster, dass sich im Sonnenlicht ungebogen.
Die Blumen zu seinen Füßen neigen sich,
Im Glanz des Baumes, ein zauberhaftes Licht.

Der Baum im Sonnenschein, ein Bild so klar,
Ein Freund der Natur in der Strahlenschar.
In seiner Ruhe, ein Leben so rein,
Der Baum erzählt im Sonnenschein.

Kopfschmerzsymphonie

Ein dumpfes Pochen, nicht besinnt,
Die Kopfschmerzsymphonie, die leise beginnt.
Ein Tanz der Schmerzen, wie ein düsteres Lied,
Die Stirn von einem unsichtbaren Gewicht besiegt.

Die Sonne draußen, ein beißendes Licht,
Im Kopf ein Sturm der die Ruhe bricht.
Pulsierend, pochend, ein zäher Takt,
Der Kopf von unsichtbaren Händen gepackt.

Die Augen schließen im Hoffen auf Ruh,
Doch der Schmerz spielt seine Melodie im Nu.
Ein Stich, ein Stechen, ein dumpfer Druck,
Die Kopfschmerzsymphonie, ein schmerzhafter Ruck.

Ein kaltes Tuch auf der Stirn, ein stummer Versuch,
Die Kopfschmerzsymphonie ein Fluch.
Ein Bett aus Dunkelheit im leisen Gebet,
Dass der Kopfschmerz bald von dannen geht.

Die Symphonie verhallt, der Schmerz lässt nach,
Ein Hauch von Hoffnung, der Fluch zerbrach.
Der Kopfschmerz, ein vorübergehendes Geschehen,
Gedichte, die sich in der Stille verwehen.

Duft der Seiten

Ein Buch frisch aus dem Druck entsprungen,
Seiten ungelesen, ein Versprechen gesungen.
Der Duft, der aus den Seiten steigt,
Wie eine Melodie, die im Raum verweilt.

Ein Hauch von Tinte, frisch und klar,
Verspricht Welten, die noch unbekannt, so wunderbar.
Die Seiten knistern beim ersten Aufschlag,
Ein Abenteuer beginnt wie ein neuer Tag.

Das Papier noch unberührt von Händen,
Duftet nach Versprechen, die sich in Worten wenden.
Die Buchdeckel fest in der Hand,
Öffnen Tore zu einem fremden Land.

Der Duft von Neuheit, ein Zauber im Raum,
Wie ein Blumenbouquet, so frisch, so kaum.
Die Buchstaben tanzen, in der Nase ein Fest,
Der Duft von neuen Büchern, ein kulturelles Geäst.

In den Seiten versteckt Geschichten und Träume,
Der Duft, der den Leser einfängt, wie in neue Räume.
Ein Buch, noch unentdeckt in seiner Pracht,
Der Duft, der nach Abenteuern und Weisheit wacht.

So öffne die Seiten, atme tief den Duft,
Ein Buch, das die Seele ruft in der fernen Luft.
Der Geruch von frischen Büchern, ein köstliches Gegrill,
Ein Versprechen, dass die Fantasie nie still.

Mondlicht im Wintermantel

Der Mond hängt tief in der Winternacht,
Sein Licht, ein silbriges Band, das erwacht.
Kein Schnee bedeckt den stillen Flur,
Der Wintermantel, eine Sternzäsur.

Die Bäume erstarren im Kälterstoß,
Ihre Äste umarmen den Himmel groß.
Der Mond streicht sanft über das Land,
Sein Glanz, ein zauberhafter Verstand.

Die Sterne umrahmen den kalten Raum,
Wie Diamanten in einem mitternächtlichen Traum.
Die Luft, kristallklar, durchdrungen von Pracht,
Der Mond, ein stiller Zeuge der Winternacht.

Kein Schnee bedeckt die Erde leis',
Doch der Frost malte Muster aus Eis.
Der Mond, ein Hüter der frostigen Stund',
Sein Licht streichelt das Land wie ein leiser Fund.

In dieser kalten, klaren Nacht,
Wo der Mond sein silbernes Kleid gemacht.
Die Welt in Stille, der Frost regiert,
Ein Gedicht, das den Winter im Dunkeln ziert.

In der Stille des Todes

Auf dem Friedhof in der Stille der Zeit,
Wo Gräber in der Ruhe des Schlafs sind gescheit
Ein sanftes Flüstern des Windes weht,
Die Seele der Toten in Ruhe vergeht.

Die Gräser neigen sich wie in einem Schuss,
Die Blumen blühen in der Erde. Schluss!
Die Steine erzählen Geschichten stumm,
Vom Leben vergangen, im Frieden, im Ruhm.

Die Bäume strecken ihre Äste empor,
Ein Schutzdach für Schlafende am Moor.
Die Vögel singen ein leises Lied,
In dieser Stille, wo die Zeit entflieht.

Die Sonne wirft lange Schatten,
Über Graber, die Geschichten hatten.
Die Stille des Friedhofs, tief und klar,
Ein Ort, wo Erinnerungen verweilen, wunderbar.

In dieser Ruhe ein Respekt vorm Leben,
Das einst geschenkt, um sich nun hinzugeben.
Ein Frieden der die Trauer umschließt,
Die Stille des Friedhofs, wo das Herz sich verschließt.

Leere Seiten

Leere Blätter, weiß und weit,
Warten darauf, dass jemand schreibt.
Keine Worte, kein Gedicht,
Nur Stille im klaren Licht.

Ein leeres Buch, so unbekannt,
Wie eine Reise, die vor uns spannt.
Die Feder ruht, der Moment geschickt,
Leere Blätter, wohin man blickt.

Kein Vers der tanzt, kein Reim,
Nur die Leere, ein stummes Heim.
Doch bald wird sich das Bild gestalten,
Worte werden die Stille halten.

Leere Seiten, wie ein Versprechen,
In jedem Strich, in jedem Flecken.
Die Feder tanzt, die Worte klingen,
Leere Blätter, die sich füllen, singen.

Morgenhimmel in Dunkelblau

In der Frühe, wenn die Welt erwacht,
Der Himmel in Dunkelblau seine Pracht entfacht.
Noch schläfrig ruht das Land im Tau,
Unter dem sanften Hauch der dunkelblauen Schau.

Die Sterne verblassen, verneigen sich sacht,
Vor dem Aufgang, der den Tag entfacht.
Dunkelblau wie die tiefsten Seen,
Ein Versprechen, dass neue Tage entstehen.

Die Vögel erheben sich, singen ihr Lied,
Die Nacht weicht, der Morgen zieht.
Durchzogen von einem Hauch von Gold,
Das Dunkelblau des Himmels entfaltet sich langsam Hold.

Die Welt erwacht in diesem magischen Moment,
In dem Dunkelblau und Morgenlicht geschenkt.
Ein leiser Übergang zwischen Tag und Nacht,
Wenn die Dunkelheit weicht und die Sonne erwacht.

Symphonie der Farben

Ode an das Rot

In der Farbe Rot erwacht die Glut,
Ein Feuer der Leidenschaft, das in Herzen ruht.
Die Rose erblüht in tiefem Rot,
Ein Liebeslied, dass der Garten bot.

Ein Sonnenuntergang, ein Himmelsbrand,
Das letzte Leuchten über dem Land.
Die Welt versinkt in warmem Schein,
Rot, der Zeuge des Tages, so fein.

Der Apfel verlockend, saftig und rot,
Ein Biss, der süße Sinne bedroht.
Das Weinmeer im Glas, tief gebrannt,
Ein Tropfen, der die Zeit zum Stillstand bannt.

Die Lippen, geküsst von der Abendsonne,
Rot, wie der Wein, in den Herzen die Wonne.
Die Flamme, die im Kamin sich dreht,
Rot, die Farbe, die das Feuer belebt.

Doch Rot nicht nur der Liebe Glanz,
Auch des Zorns, des Kampfes Kranz.
Die Fahne flattert, das Blut in den Aderbünden,
Rot, dass den Aufbruch der Helden wird verkünden.

Rot, die Farbe der Extremen,
In ihrer Intensität einem Traum ersehnen.
In der Palette des Lebens, ein lebhaftes Bild,
Rot, das uns bewegt, fasziniert und stillt.

Ode an das Orange

In Abendhimmel, warm und weich,
Tanzt die Sonne, ein letzter Streich.
Ihr Kleid in Orangentönen bunt,
Malt den Horizont zu ihrem Fund.

Das Orange, süß wie ein Sommertag,
Ein Sonnengruß, ein Lächeln, sag.
Die Frucht am Baum, so voll und rund,
Im Garten, wo der Sommer klingt und summt.

Im Herbst ein Laub in Flammenpracht,
Orange webt in jedes Blatt die Nacht.
Die Bäume tanzen, wie im Reigen,
Ein Abschiedslied, ein Letztes verneigen.

Ein Morgenhimmel, sanft und mild,
Orange mischt sich, zart und wild.
Die Welt erwacht, ein neuer Bund,
Im Licht, das uns verzaubert und verbund'.

Im Frühling blüht ein Blumenmeer,
Orange strahlt, die Freude vermehrt.
Die Natur, ein Maler bunt,
Ein Lied, das uns im Herzen wund.

Orange, Farbe voller Kraft,
Wie eine Flamme, die in uns erwacht.
Ein Sonnenuntergang in später Abendstund,
In der die Welt im Orangentanz verschwund'.

Ode an das Gelb

Die Sonne lacht im Himmelszelt,
Ein strahlend Gelb, dass die Welt erhellt.
Ein Hauch von Wärme, ein Küsschen mild,
Gelb, dass die Seele sanft umhüllt.

Die Blumenwiese, ein gelbes Meer,
In der Frühlingsluft, so leicht umher.
Ein Sonnenstrahl im Blütenduft,
Gelb, das die Natur in Farben ruft.

Der Zitronenbaum im Sommerwind,
Gelbe Früchte, süß und geschwind.
Ein Hauch von Sommer, ein gelbes Band,
Gelb, dass den Garten schmückt und verband.

Der Herbst, er malt in Gelb und Gold,
Die Blätter tanzen im Wind so hold.
Ein Farbenspiel, so warm und fein,
Gelbe Töne, die dem Abschied einen Glanz verleih'n.

Der Morgenhimmel, ein blasses Gelb,
Ein sanftes Erwachen, ein leiser Held.
Die Welt im Licht der Morgensonn',
Gelb, dass den Tag beginnen lässt, wie gestern schon.

Die Kerzen flackern im Abendlicht,
Gelbes Leuchten in der Dämmerung spricht.
Ein Lichterspiel, so ruhig und mild,
Gelb, das die Nacht in Träume hüllt.

Ode an das Grün

In einem Meer aus Blättern grün,
Die Natur in ihrem schönsten Kostüm.
Ein sanftes Rauschen durch die Bäume zieht,
Das Grün, ein Lied, das die Seele flieht.

Im Frühling tanzt es auf den Wiesen,
Ein Teppich aus Gras lässt Leben sprießen.
Die Knospen brechen, die Blumen blüh'n,
Das Grün, ein Versprechen, das immer wird glüh'n.

Die Wälder tragen es wie einen Hut,
Ein sattes Grün, so tief und voller Mut.
Moos an den Bäumen, Efeu an den Mauern,
Das Grün, ein Künstler in seinen Schauern.

Die Hügel im Sommer, ein grünes Meer,
Unter einem Himmel, so klar und noch viel mehr.
Ein Hauch von Freiheit weht in den Winden,
Das Grün, ein Gedicht, das die Welt wird verbinden.

Im Herbst verblasst es, wird zu Gold,
Ein letzter Tanz, ein Abschied, so hold.
Doch das Grün verschwindet nie ganz,
Es bleibt im Herzen ein lebendiger Glanz.

Selbst im Winter, wenn der Frost regiert,
Das Grün, das in den Träumen zirkuliert.
Ein Versprechen, dass der Frühling wiederkehrt,
Das Grün, dass uns mit Hoffnung nährt.

Ode an das Hellblau

Ein Himmel, so zart, ein Himmelszelt,
Hellblau, dass die Unendlichkeit erhellt.
Wolken tanzen, leicht und mild,
Hellblau, dass die Seele wiegt und stillt.

Der Morgenhimmel, ein helles Lied,
Vogelgezwitscher das die Stille flieht.
Ein sanfter Start in den Tag, so stolz,
Hellblau, das die Welt wiegt in Wolkenholz.

Der See am Morgen, ein Spiegel hell,
Reflektiert den Himmel, klar und schnell.
Die Ruhe des Wassers, so still und kalt,
Hellblau, dass die Natur schmückt wie ein Wald.

Die Blumenwiese, ein Himmel auf Erden,
Wo der Sommer seine Farben lässt werden.
Ein Blütentraum, so frisch und kalt,
Hellblau, dass die Freude im Herzen wallt.

Die Abenddämmerung, eine Abschiedsgeschicht',
Der Himmel nimmt ein and'res Gesicht.
Ein Blau, so zart, wie das Licht verweilt,
Hellblau, das die Träume in die Nacht verteilt.

Ein Kinderlachen, ein strahlendes Blau,
Der Himmel im Herz, so rein und genau.
Die Unschuld einer Welt, so mild,
Hellblau, dass das Leben wiegt und stillt.

Ode an das Dunkelblau

In tiefem Blau die Nacht erwacht,
Ein stilles Lied, dass der Himmel bewacht.
Die Sterne funkeln, wie Diamanten klar,
Ein tiefes Blau, so wunderbar.

Der Mond am Himmel, silbern und rund,
Beleuchtet die Welt, macht alles bunt.
Die Dunkelheit, sie wird zum Traum,
In tiefem Blau ein zarter Raum.

Die Stadt schläft unter einem Deck,
Tiefes Blau, ein sanftes Versteck.
Die Straßen still, die Lichter schwach,
In dieser Stille ein leises Blau so wach.

Die Träume wiegen sich im Blau,
Sanft und leicht, wie ein zarter Hauch.
Die Nacht singt leise ihre Melodie,
In tiefem Blau so voller Harmonie.

Die Geheimnisse der Dunkelheit,
Werden gehütet in dieser Einsamkeit.
Tiefes Blau, ein magischer Raum,
Wo die Sterne tanzen, wie ein Traum.

Die Nacht, ein Mantel aus tiefem Blau,
Deckt die Welt zu, schenkt süße Ruh'.
Ein leises Flüstern, ein stiller Gruß,
In dieser Stille ein himmlischer Genuss.

Ode an das Violett

Ein Lila, dass die Dämmerung singt,
In sanften Tönen, wenn der Tag verschwindt'.
Die Blumenwiese in Abendruh',
Lila, dass die Welt umarmt in Ruh'.

Der Lavendelhauch, so süß und fein,
Ein Duft, der trägt in den Abend hinein.
Die Farbe tanzt im Mondenschein,
Lila, dass die Nacht umhüllt und rein.

Der Schmetterling, ein zartes Flugspiel,
In Lila getaucht, so leicht und still.
Die Natur malt in diesem Ton,
Lila, dass den Sommer verschont.

Im Herbst, wenn die Blätter fallen,
Ein Lila, dass den Abschied lässt erschallen.
Die Dämmerung, ein zarter Ton,
Lila, dass die Welt in Träume führt davon.

Die Kerzen flackern im weichen Schein,
Ein Lila, dass die Stille füllt allein.
Die Nacht in ihrer lila Pracht,
Ein Geheimnis, dass die Seele sacht bewacht.

Ein Lila das in Träumen schweift,
Wo die Fantasie ihre Flügel streift.
Die Farbe, die den Abend lohnt,
Lila, dass in der Dunkelheit wohnt.

Das Lebenslied

Ein Pfad aus Träumen, sanft und weit,
Durch Wälder der Hoffnung, durch Täler der Zeit.
Durch Sonnenschein und Regentanz,
Ein Lebensweg, der uns vertraut und ganz.

Doch manchmal auch Dornen, so scharf und gemein,
Auf diesem Pfad des Lebens, so einzig und fein.
Die Biegungen des Schicksals, sie führen uns fort,
An Ufern der Entscheidung, an Hafen und Ort.

Die Sterne des Glaubens, sie leuchten uns voran,
In Nächten der Zweifel, wenn Dunkelheit begann.
Die Morgen des Neuanfangs, so frisch und so klar,
Auf diesem Pfad des Lebens, Jahr um Jahr.

Erinnerungslieder, sanft und leis',
Von vergang'nen Tagen, Liebe und Kreis.
Kapitel des Lebens, jedes ein Gedicht,
Im Lied des Lebens, dass bringt uns ans Licht.

So gehen wir weiter, Hand in Hand,
Im Lebenslied das uns verbindet, Land um Land.
Im Tanz der Zeiten, im Hier und im Jetzt,
Das Lebenslied, ein Schatz, der uns nie verletzt.

Der Traum

Ich ging entlang,
Der Krähe verfolgt.
Mir wurd' gleich Angst und Bang,
Da die Schritte über des Weges gerollt.
Da packt's mich wage an,
Als ich zu rennen begann.

Ich bin gerannt,
Den Laternen hinterher.
Da hinter mir wär ein feuriger Brand,
Der alles verschlingt, ob leicht oder schwer.
Alles schien so hoffnungslos,
Wie sollte ich mich retten bloß?

Ein schrecklich Tentakel-Vieh,
Wie ich es zu sehen bekam noch nie.
Gebildet aus den Krähen,
Verfolgte es mich im Galopp,
Doch dann begann es zu gehen,
Und STOPP!

Als ich dies sah,
Schien nichts mehr klar.
Doch dann kam es, das Licht,
Um mich zu retten.
Es wollte ihn Strafen, den Wicht,
Und legte ihn in Ketten.

Perfekt wie ein Sonett

Nicht einmal die Flaggen weh'n perfekt.
Der beste Musiker spielt auch nicht wie geleckt.
Es wird nie ein Mensch existieren,
Der so gut ist, wie beschrieben.

Doch so mancher Mensch wird schlecht geredet.
Das ändert sich nicht, soviel er auch betet.
Kein Mensch ist nett zu einem andern,
Du kannst fliehen und von dannen wandern.

Dich wehren kannst du aber auch.
Zeig's nie und nimmer Gnade.
Wenn einer dich schlägt, dann schlag' ihn auch.

Ehre jedoch stets die Würde,
Und bleib immer auf dem rechten Pfade,
Sonst wird es eine große Bürde.

Eine Kurzgeschichte zum Abschluss

Kalte Winternacht

Der Sturm fegte über die Wiesen und der Regen tat sich ergießen, in jener kalten Winternacht, da ein Mord ans Tageslicht gebracht. Der Mann ging durch die Gassen, klein und fein. Alles schien ruhig, doch es trügte der Schein. Hinter den Schatten der Ruhe trümmerten die Schuhe. Er hörte einen Schrei, doch dieser war schnell vorbei. Er kam von einer Frau, die wurde gestellt zur Schau.

Eine Zeit lang herrschte Stille, doch um Gottes Wille. Die Schreie gingen weiter und das ziemlich heiter. Der Mann hörte nicht, wo war der Wicht. Er rannte umher, doch die Beine wurden schwer. Der Regen wurde zu Schnee, als er es sah. Das arme Weib, das allmählich wurde zugeschneit.

Die arme Frau war Tod und der Boden färbte sich rot. Ein Mann stand daneben, ein Lachen im Gesicht. Wer war er nur, dieser Wicht? Der Mann konnte es nicht sehen so im stehen. Der Wicht hatte ein Messer in der Hand und kam auf den Mann zugerannt. Der Mann rannte davon, aber die Atmung fiel ihm schwerer schon. Er rannte um sein Leben, ein hochehrwürdiges Streben.

Doch die Ausdauer versagte. Als der Mann es wagte, sich des Wichtes entgegen zu stellen, während die Hunde weiter bellen. Sie sahen sich in die Augen tief. Man konnte die Gesichter lesen wie in einem Brief.

Es war des Mannes Bruder, die Frau war bleich wie
Puder. Es war die Ehefrau des Mannes. Wie kann es …?
Die Eifersucht vom Bruderwicht stand ihm schon lange im
Gesicht. Früher viel Zeit verbracht, heute ohne Acht. Er
wusst' sich nicht zu helfen und das war ziemlich selten. Er
entschied seines Bruders Frau zu morden, am nächsten
kalten Morgen.
Enttäuschung stand dem ander'n im Gesicht. Sein Bruder
war der Wicht. Ohne Wort und Reaktion gingen sie von
dannen schon. Es war als wäre nichts gewesen, doch die
Frau konnt' nicht genesen. Die Familie war vereint, auf die
Kosten anderer Leute. Niemand sah sie je, die Wahrheit.
Es war grausam, doch gescheit.

Abschiedsschmerz

Jeder Abschied ist schwer.
Wo soll ich hin? Wo komm ich her?
Gesichter verblassen im Dämmerlicht,
Ein Abschiedswort, dass die Stille bricht.

Die Sonne senkt sich, ein letzter Strahl.
Die Welt wird ruhig, der Tag wird fahl.
Ein Abschiedswind singt leise Lieder.
Die Natur verneigt sich und geht nieder.

Die Sterne treten auf die Bühne der Nacht,
Erzählen von Abschied, von großer Pracht.
Hände halten sich und lassen los.
Der Abschied, ein grausamer Stoß.

Die Blumen neigen sich, der Tag verblasst,
ein Abschiedsgruß, der die Zeit umfasst.
Die Sterne zünden ihr nächtliches Licht,
der Abschied bringt ein leises Gedicht

Die Stille spricht von Abschiedsschmerz,
Doch auch von einem neuen Herz.
Ein Ende, das ein Anfang ist.
Der Kreis des Lebens nie vergisst.

Nachwort

Liebe Leserinnen und Leser,
mit tiefem Dank und einer Fülle von Emotionen schließe ich
dieses Buch, das sich wie ein Garten der Worte erstreckt. In den
vergangenen Seiten haben wir gemeinsam die Reise durch
Gedanken, Träume und Gefühle unternommen, und es war mir
eine Ehre, diese poetische Reise mit Ihnen zu teilen.

In diesem Buch finden sich Gedichte, wie Blumen, bunt und
vielfältig, die in den unterschiedlichsten Ecken des Lebens
blühen. Manchmal sind sie zart wie die ersten Knospen im
Frühling, manchmal wild wie Blumenwiesen im Sommer. Sie
mögen melancholisch wie der Herbst oder still wie der Winter
sein. Doch in jedem Gedicht steckt ein Stück meiner Seele, das
ich in die Worte legte, in der Hoffnung, dass es in Ihrem Herzen
Widerhall findet.

Der Garten der Lyrik ist ein Ort, an dem Worte zu Blumen
werden, und Emotionen zu Farben. Hier dürfen Sie verweilen,
zwischen den Zeilen spazieren und die verschiedenen Düfte der
Verse einatmen. Vielleicht entdecken Sie Ihre eigenen Blumen,
Ihre eigenen Geschichten, während Sie durch die Seiten
flanieren.

Die Lyrik, diese kunstvolle Sprache der Seele, hat die Kraft, uns zu trösten, zu inspirieren und zu verbinden. In diesem Buch habe ich versucht, Momente einzufangen, die uns alle verbindet – die Schönheit der Natur, die Tiefe der Emotionen, das Spiel der Gedanken.

Lassen Sie sich von den Worten tragen, wie ein Blatt auf dem Fluss der Gefühle. Möge dieses Buch für Sie nicht nur eine Sammlung von Gedichten sein, sondern ein Begleiter, der Sie in verschiedenen Stimmungen und Lebenslagen versteht. Und während wir uns voneinander verabschieden, wissen Sie, dass diese Worte nicht enden, sondern wie ein Fluss weiterfließen. Bereit, in neuen Landschaften neue Geschichten zu erzählen.

Mit tiefer Dankbarkeit und den besten Wünschen für Ihre eigene poetische Reise.

Herzlichst,

Joshua Köhler